AF266878

Henri de SARRAUTON

LA
QUESTION
ALGÉRIENNE

Sub lege libertas.

ORAN

IMPRIMERIE TYPOGRAPHIQUE ET LITHOGRAPHIQUE PAUL PERRIER

15, Boulevard Oudinot, 15

—

1891

HENRI DE SARRAUTON

LA QUESTION ALGÉRIENNE

Sub lege libertas.

ORAN

IMPRIMERIE TYPOGRAPHIQUE ET LITHOGRAPHIQUE PAUL PERRIER

15, Boulevard Oudinot, 15

—

1891

LA QUESTION ALGÉRIENNE

Je suis arrivé en Algérie en 1865, et depuis cette époque je ne l'ai plus quittée, et par la nature de mes fonctions — car je suis fonctionnaire — je vis six mois de l'année au milieu des indigènes, je suis mêlé à leur existence, initié à leurs affaires de famille ; j'ai été tenu d'étudier les lois qui régissent leurs successions et de les appliquer, obligé de pénétrer leurs coutumes et tous les détails de leur vie intime.

Il m'est donc permis de dire que je suis en situation de connaître les mœurs, l'esprit des diverses populations indigènes de l'Algérie mieux que beaucoup d'Algériens, aussi bien que ceux qui les connaissent le mieux, et que j'ai pu me faire une opinion raisonnée sur la question algérienne.

Car il y a bien réellement une question algérienne, question fort grave et qui s'impose à tous les esprits. Dans les sphères officielles comme dans le public, dans la Colonie comme dans la Métropole, tout le monde reconnaît que vis-à-vis de cette population indigène considérable, qui, à notre endroit, ne peut rester indifférente, qui nous est nécessairement amie ou ennemie, il est temps de prendre un parti. Tout le monde sent qu'il y a là un problème à résoudre, un danger à conjurer, et que le système politique et administratif qu'il convient d'appliquer en Algérie n'est pas encore trouvé.

Une question bien posée est à moitié résolue, dit-on. Essayons donc de bien poser la question Algérienne. Je crois, qu'en dernière analyse, réduite à sa plus grande simplicité, elle peut être présentée en ces termes :

Il y a en Algérie trois millions d'indigènes musulmans.

Qu'en faire ?

Or, à cette question je ne vois que deux réponses :

Les assimiler.

Les éliminer.

Car prétendre qu'il est possible de continuer à administrer l'Algérie, comme on l'a fait jusqu'à présent, sans politique définie, en vivant, pour ainsi dire, au jour le jour, sans se préoccuper de l'avenir, sans le prévoir ni, le préparer, ce ne serait pas proposer une solution, mais au contraire, écarter toute solution.

Après ce préambule, le lecteur s'attend, sans doute, que j'arbore un drapeau et me range soit dans le camp des assimilateurs, soit dans le camp opposé. Je n'en ferai rien cependant. Ce n'est pas que sur ce sujet je n'aie une opinion, mais c'est que je crois avoir quelque chose de mieux à faire que d'exprimer et de soutenir cette opinion. Pour et contre l'assimilation je pense que tout a été dit. Introduire une voix de plus dans le débat me semblerait d'une parfaite inutilité.

Mais il me paraît intéressant de rechercher si les partisans des deux avis contraires ne sauraient se rencontrer sur un terrain commun, si les deux camps ne pourraient, bien qu'avec des vues opposées, s'entendre pour appliquer un même programme, si une même politique ne pourrait rallier les partisans de l'assimilation et ceux qui la déclarent impossible.

Les premiers produisent des discours et des arguments dont la teneur est à peu près celle-ci : « Par la conquête, la France » n'a pas seulement acquis des droits sur les indigènes de l'Al- » gérie. Elle a aussi contracté vis-à-vis d'eux un devoir. Ce » devoir est de les éclairer, de les civiliser, de les initier aux » bienfaits de notre état social, plus perfectionné, plus libéral et » plus moral que le leur. Elle doit d'autant moins hésiter à » remplir ce devoir qu'il se trouve tout conforme à son intérêt » évident qui est de coloniser l'Algérie le plus rapidement pos- » sible. Le Français émigre peu. Il ne faut donc pas compter sur » l'élément métropolitain pour peupler rapidement ce pays.

» Mais pourquoi négliger cet élément de colonisation nombreux
» et tout acclimaté que nous trouvons sur la terre algérienne ?
» Les kabyles, les arabes sont des hommes de race blanche
» comme nous. Leurs facultés intellectuelles sont les mêmes que
» les nôtres. Ils sont, il est vrai, en retard sur nous de deux ou
» trois siècles. C'est une distance qu'avec notre secours ils peu-
» vent rapidement franchir. Employons vis-à-vis d'eux une
» politique à la fois ferme et bienveillante qui les prépare à
» devenir des colons d'abord, et dans la suite, des citoyens
» français. Après la conquête par la force, réalisons la conquête
» morale, et ainsi sera atteint ce double but : coloniser l'Algérie
» et multiplier ses richesses ; supprimer le danger d'une popu-
» lation toujours frémissante sous votre joug, tant qu'elle n'aura
» pas accepté nos mœurs et nos institutions. »

Telles sont les idées des assimilateurs. Mais leurs adversaires
répondent : « Jamais les indigènes n'accepteront les mœurs
» européennes. Jamais ils ne rechercheront la naturalisation
» française, et si vous voulez la leur imposer, ils la repousseront
» de toutes leurs forces. Leur religion leur interdit formellement
» et explicitement d'adopter nos institutions civiles et politiques,
» car le Koran est à la fois leur code religieux, leur code civil et
» leur code politique. Ce que vous appelez les bienfaits de la
» civilisation française, ce sont, à leurs yeux, des hérésies qui
» leur inspirent la plus profonde horreur. Pour assimiler l'indi-
» gène, il faudrait donc, tout d'abord, l'arracher à l'influence du
» Koran, le convertir au christianisme. Or, c'est un fait d'expé-
» rience que le musulman ne se convertit jamais de son plein
» gré. Tous les missionnaires qui, depuis des siècles, essayent
» de catéchiser les pays musulmans, y perdent leurs peines et
» leurs discours. Il faudrait employer la contrainte. Eh bien !
» conçoit-on le Gouvernement français tolérant et libre-penseur,
» établissant ici l'inquisition comme l'a fait le roi Ferdinand
» après la conquête de Grenade ? Evidemment c'est impossible.
» L'assimilation est donc une chimère. Il faut refouler ce peuple
» de proche en proche et le remplacer successivement et systé-

» matiquement par une population française. L'Algérie ne
» deviendra réellement terre française qu'à ce prix. »

Voilà, en substance, les arguments des deux partis. Qui a tort,
qui a raison ? Encore une fois je ne veux pas me prononcer.
Mais je dirai aux uns et aux autres :

« Il y a un moyen de vous mettre d'accord, non dans le fond
» du débat, mais dans la manière de faire l'expérience qui
» videra entre vous ce grand différend. Pour être conséquents
» avec vos idées et vos vues, vous devez, et les partisans et les
» adversaires de l'assimilation, tomber d'accord pour adopter,
» vis-à-vis des indigènes, une politique qui les place dans
» l'étroite nécessité de s'assimiler ou de disparaître. »

Quelle est cette politique qui peut et doit réunir tous les
suffrages ? Quelles sont les mesures légales et administratives
qui doivent amener l'assimilation des indigènes, si elle est possible, leur disparition, si elle ne l'est pas ? Voilà ce que je vais
examiner.

Je cherche à concilier tout le monde. Je n'ai donc pas à tenir
compte des opinions extrêmes. Il s'est rencontré des hommes
politiques pour proposer de faire litière, sous les pieds des indigènes, de ce suffrage universel que le citoyen français a conquis
par trois révolutions, et que nous ne devrions pas ainsi offrir à
tout venant, s'il est vrai que l'on est ordinairement très jaloux
de ce qu'on a payé très cher. Je n'ai point à m'occuper de cette
idée bizarre. D'autre part, je connais des algériens qui, lorsqu'ils
apprennent qu'un Arabe a été tué dans une de ces rixes si
fréquentes entre arabes, s'écrient : « Tant mieux, c'est un de
moins ! » Je n'approuve pas ces sentiments haineux. Ce que je
vais proposer aux gens modérés, fiers de leur nationalité et
refusant de la prostituer à des barbares, mais consentant à les
aider à sortir de la barbarie, c'est un essai loyal de l'assimilation,
essai, qui, s'il ne réussit pas, doit aboutir à l'éviction.

Reconnaissons avant tout, que nous ne pouvons agir directement ni sur les mœurs de l'arabe, ni sur les lois qui régissent

son état social, car nous nous heurterions à la question religieuse. Il ne faut pas essayer de toucher au statut personnel, ce serait provoquer des résistances désespérées. L'islamisme est un ensemble compact, une citadelle fortement construite. Pour entrer dans la place il faut chercher un chemin détourné. Ce chemin existe. L'Arabe est exclusivement pasteur ou laboureur. Il ne vit que de la terre. Il n'a aucune industrie. Si l'on peut le prendre d'un certain côté c'est par la propriété. Ne cherchons donc pas à agir sur le musulman, mais agissons sur le propriétaire. On verra tout à l'heure, par l'exposé qui va suivre, que ce chemin détourné est moins long qu'il ne semble. Mais d'ailleurs les partisans les plus ardents de l'assimilation reconnaîtront assurément qu'elle ne peut être que graduelle. Avant de descendre dans les cœurs il faut qu'elle ait frappé de son empreinte le sol de l'Algérie. Avant de rechercher l'assimilation morale de ce pays, il est donc convenable de poursuivre ce que j'appellerai l'assimilation physique.

Nous voulons faire de l'Algérie une terre française. Commençons par lui donner l'aspect français. Dès à présent traçons sur le sol algérien le plan, et pour ainsi parler, le squelette de ce que doit être cette Algérie dans un siècle, lorsqu'elle sera couverte de villes, de villages, de hameaux, sillonnée de voies de communication, et partout habitée par une population laborieuse, intelligente, dotée de l'instruction primaire, civilisée, en un mot. Car c'est bien là certainement le but à atteindre. Mais certains prétendent que ces colons laborieux, intelligents, sachant lire et écrire, peuvent être les fils de nos indigènes actuels. D'autres sont persuadés qu'ils ne peuvent nous venir que de la Métropole.

Laissons la question dans le doute et agissons. Créons des centres et peuplons-les d'indigènes. L'expérience décidera si ces indigènes sont aptes à devenir des colons. Voilà l'idée. Mais je dois lui donner quelques développements :

Je proposerai donc de faire choix, chaque année, dans chacun des trois départements algériens, d'une région d'étendue proportionnée aux ressources budgétaires dont l'administration peut disposer. Dans cette région, il serait établi des centres dont l'importance et le nombre seraient mesurés au chiffre de la population et aussi à la fertilité et à l'avenir probable de la région. Ces centres présenteraient le caractère européen. On y verrait des rues alignées, des chemins d'exploitation bien étudiés, desservant des lots réguliers. Ces centres créés, on y installerait les propriétaires de la région en attribuant à chaque chef de famille un lot à bâtir dans le hameau le plus rapproché de ses propriétés.

Il me semble que voilà un premier programme de nature à être favorablement accueilli par les partisans et par les adversaires de l'assimilation. Car si les indigènes se pliaient aux nouvelles conditions d'existence qui leur seraient imposées par une telle mesure, s'ils consentaient à se fixer, à abandonner la vie vagabonde du douar, ce serait certainement un progrès très réel, un acheminement très important vers l'assimilation et la fusion des races. Supposons, au contraire, qu'ils soient absolument réfractaires à la vie stable, qu'ils ne veuillent pas s'astreindre à rester chacun sur sa propriété, à observer certains règlements de police inutiles et inconnus dans le douar, nécessaires dans le village, à envoyer leurs enfants aux écoles publiques. Si leur répugnance pour un milieu civilisé est vraiment insurmontable, ils chercheront à vendre leurs propriétés pour émigrer dans les régions où la mesure administrative qui fonde le village arabe n'aura pas encore été appliquée. Il y aura donc des terres offertes à la colonisation et que pourront acheter soit des spéculateurs qui feront métier de servir d'intermédiaires entre l'offre et la demande, soit directement des cultivateurs algériens ou français.

Le terrain se trouverait tout préparé pour les recevoir.

Si le premier cas se produit, il donne raison aux assimilateurs et les indigènes se trouvent lancés sur la grande route du progrès. Or le premier pas est le plus difficile à franchir. S'ils le franchissent, s'ils abandonnent une première coutume, il y a lieu d'espérer qu'ils abandonneront aussi les autres.

Dans le second cas, les partisans de la colonisation par l'élément français l'emportent.

Mais dans les deux cas, l'Algérie prospère, et la patrie française grandit, s'accroit en population, en puissance, en richesses, ce qui est, en dernière analyse, le seul but qu'il importe d'atteindre.

Ici se pose une question :

Pourquoi l'Arabe habite-t-il une tente et non pas une maison ? Pourquoi aime-t-il mieux grelotter en hiver sous une toile, et y étouffer en été que de s'installer confortablement sous un toit ?

L'Arabe, en général, ne bâtit pas parce qu'il est beaucoup plus pasteur qu'agriculteur ; parce qu'il a horreur du travail et que la vie sous la tente lui permet de réduire à presque rien les travaux des champs ; parce que, enfin, sa négligence et sa nonchalance le rendent incapable de certains soins de propreté sans lesquels la résidence dans une maison est moins saine et moins agréable que l'habitation sous la tente.

Pour relier la cause à l'effet, je vais être obligé d'entrer dans des détails un peu techniques, mais j'espère que l'on ne regrettera pas de m'y avoir suivi, lorsque l'on verra quelle grande lumière en jaillit sur la différence radicale qui existe entre les mœurs et les procédés de culture du cultivateur arabe et les mœurs et les procédés de culture du cultivateur français.

Lorsque l'on jette les yeux sur les plans établis par le Service Topographique, à la suite de l'application de la loi de 1873, on est tout d'abord frappé du morcellement excessif de la propriété, en pays arabe, eu égard à la valeur vénale du sol. On voit un réseau serré de lignes extrêmement sinueuses, qui sont des limites de propriétés, et qui coupent le sol en une quantité de petites parcelles affectant les formes les plus irrégulières. L'étonnement redouble, lorsque, consultant le registre terrier qui se rapporte au plan, l'on constate que le morcellement est encore bien plus considérable que le plan ne l'indique. Très peu de ces parcelles, en effet, sont possédées individuellement. Le registre terrier révèle qu'elles sont possédées indivisément par un grand nombre de propriétaires dont les droits sont exprimés par des quotes-parts compliquées. Voici d'ailleurs, et pour fixer les idées, sous quelle forme se présente, en général, la propriété d'un indigène. Cet exemple est tiré du répertoire alphabétique d'un procès-verbal d'enquête :

Ahmed ould Mohammed Kebir ould Si Mohammed Bel Ḥabib

du douar-commune de Zenata, possède dans ce douar-commune :

QUOTE-PART EXPRIMANT SES DROITS	NUMÉROS DES LOTS	CONTENANCE DES LOTS
$\frac{930\ 40}{1\ 128\ 960}$ · · · · · · · · · · ·	263	48ʰ 08
$\frac{930}{22\ 580}$ · · · · · · · · · · ·	287	24 45
$\frac{331}{12\ 042}$ · · · · · · · · · · ·	288	3 03
$\frac{527}{19\ 200}$ · · · · · · · · · · ·	290	29 06
$\frac{930\ 40}{1\ 118\ 960}$ · · · · · · · · · · ·	303	35 07
$\frac{1\ 054}{19\ 200}$ · · · · · · · · · · ·	305	35 92
$\frac{1\ 054}{19\ 200}$ · · · · · · · · · · ·	306	5 26
$\frac{930\ 40}{1\ 128\ 960}$ · · · · · · · · · · ·	308	19 47
$\frac{930}{22\ 530}$ · · · · · · · · · · ·	309	58 14
$\frac{930}{1\ 128\ 960}$ · · · · · · · · · · ·	336	8 43
$\frac{93\text{-}0\ 40}{1\ 128\ 960}$ · · · · · · · · · · ·	388	10 40
$\frac{930\ 40}{1\ 129\ 960}$ · · · · · · · · · · ·	391	13 68
$\frac{527}{19\ 200}$ · · · · · · · · · · ·	392	50 88
$\frac{930\ 40}{1\ 128\ 960}$ · · · · · · · · · · ·	395	1 32
$\frac{1\ 581}{134\ 400}$ · · · · · · · · · · ·	399	28 08
$\frac{331}{120\ 42}$ · · · · · · · · · · ·	380	23 82
$\frac{930\ 40}{4\ 128\ 960}$ · · · · · · · · · · ·	438	32 78
$\frac{527}{19\ 200}$ · · · · · · · · · · ·	439	14 20
$\frac{527}{19\ 201}$ · · · · · · · · · · ·	444	14 67
$\frac{930\ 40}{1\ 128\ 970}$ · · · · · · · · · · ·	368	6 15
$\frac{730\ 40}{1\ 128\ 960}$ · · · · · · · · · · ·	372	8 30

Si l'on fait les calculs indiqués par les quotes-parts, on constate que la propriété de cet indigène, après partage faisant disparaître l'indivision, équivaudrait à un lot de 22 hectares environ. C'est donc une propriété de valeur moyenne, représentant les biens d'un cultivateur non pas riche, mais jouissant d'une certaine aisance.

Cet état de choses peut se traduire en ces termes :

En général, la propriété indigène consiste en une grande quantité de parcelles possédées indivisément, et répandues sur toute l'étendue du territoire appartenant à son douar.

Une telle propriété serait évidemment incultivable pour un européen. Comment donc l'indigène parvient-il à la mettre en valeur ? Bien plus, pourquoi préfère-t-il la propriété indivise, disséminée, et pour ainsi dire, réduite en poussière, à la propriété compacte et individuelle que préfère l'européen ? C'est la vie en douar, et ce sont les procédés de culture et les mœurs agricoles de l'indigène qui en donnent la raison.

Quelles sont ces mœurs ? Je vais le dire le plus brièvement possible :

Le territoire appartenant à un douar est divisé, selon l'étendue, en deux, trois ou quatre zônes destinées à être, à tour de rôle, labourées et laissées en jachère. Le douar se transporte alternativement sur chacune de ces zônes et la fertilise en campant tantôt sur un point tantôt sur un autre. Il répand autour de lui les détritus et les immondices qui sortent de toute agglomération d'hommes et de bêtes, puis, lorsque l'infection est devenue trop grande, que la place n'est plus tenable, les hommes secouent leurs burnous, — précaution nécessaire — les femmes secouent leurs guenilles, on plie les tentes et l'on va plus loin.

La connaissance de ces mœurs donne immédiatement la raison de la forme caractéristique de la propriété indigène, et explique pourquoi l'Arabe ne sent pas le besoin de sortir de l'indivision. On voit que chaque membre du douar a intérêt à posséder un coin de terre sur tous les points où campe habituellement le douar, et afin que ce coin de terre soit fumé, fertilisé par le passage du douar, et afin de pouvoir labourer, semer, récolter en même temps que les autres membres du douar qui sont ses frères, ses cousins, ses parents à un degré quelconque, et de rester toujours en leur compagnie.

Je pourrais ajouter : et afin de profiter de l'espionnage que les tentes exercent les unes vis-à-vis des autres, avantage important dans une société où l'homme est jaloux et la femme esclave. La femme arabe, mariée sans son consentement, dès le plus jeune âge, astreinte, lorsqu'elle vieillit, aux plus durs travaux, précisément à cause de l'existence abjecte qui lui est faite, est dénuée de libre arbitre et de moralité. Aussi le douar est-il organisé de manière que les femmes y soient l'objet d'une surveillance continuelle.

La conséquence de ces mœurs agricoles est une agriculture toute primitive. C'est l'agriculture pastorale, bornée presque exclusivement aux cultures annuelles, c'est-à-dire aux céréales. Dans un pareil système, les bois, les forêts, sont choses gênantes et qu'il faut faire disparaître. On les brûle pour préparer des pâturages aux troupeaux. Les plantations, les vergers n'y trouvent pas leur place. Toute culture intensive est impossible. Le fumier, répandu au hasard sur le sol, et non mêlé à la terre, perd la plus grande partie de ses principes fécondants. L'azote s'évapore dans l'atmosphère, et une infime partie seulement est utilisée. Un pays cultivé à la manière arabe se déboise, se dessèche, s'appauvrit, prend peu à peu l'aspect d'une immense steppe, où vaguent de maigres troupeaux, où n'apparaissent que de maigres champs, mal défrichés, mal labourés, mal semés, mal récoltés, sans limites fixes, objets de continuelles compétitions, de contestations interminables, qui, au moment des labours, dégénèrent fréquemment en des rixes sanglantes.

On voit quels sont les tristes résultats de l'agriculture pastorale. Et, en même temps, on voit aussi pourquoi l'arabe préfère la tente au domicile fixe. A cette vie nomade et à cette agriculture nonchalante, il trouve l'avantage de rester dix mois de l'année sans travailler. Par là il se soustrait aux travaux pénibles qui absorbent toute l'existence du cultivateur européen : labours préparatoires, transport du fumier de la ferme au champ, binage, sarclage, fenaison, taille des arbres, etc. Les femmes, de leur côté se soustraient à l'obligation de laver, nettoyer, balayer une maison qui, avec la saleté où elles se complaisent, deviendraient inhabitables après huit jours de résidence.

Il y a donc une intime corrélation entre les mœurs paresseuses et négligentes de la race arabe et la forme de la propriété arabe. Seuls, les arabes, étant donné leurs mœurs, peuvent mettre en valeur des propriétés de cette forme, et par une réciprocité toute logique et naturelle, cette forme de propriété les maintient dans leurs coutumes traditionnelles. Que faire donc pour commencer leur assimilation ? Rompre le douar, et le transformer en hameau, puis transformer la propriété disséminée et indivise, qui convient à leurs procédés de culture, en la propriété cohérente et individuelle qui convient à la culture européenne. On a fait en 1873 une loi dans ce but et cette loi prescrit : « d'attribuer la propriété du sol aux membres de la tribu, dans la mesure des surfaces dont chaque ayant-droit a la jouissance effective. »

Il est sans doute utile au sujet que je traite d'examiner brièvement comment elle est appliquée.

Dans l'application, comme il est arrivé trop souvent en Algérie, cette loi a été complètement détournée du but que le législateur voulait atteindre, de l'esprit qu'il voulait y mettre. Telle qu'elle est appliquée, elle n'est pas la rénovation et la transformation de la propriété. Elle se ramène à l'opération banale qui consiste à dresser un état de lieux, à une simple constatation. On dresse le plan des propriétés, puis on fait le relevé des propriétaires en mentionnant leurs droits indivis, puis enfin on délivre des titres sur ces documents.

Voilà pour les terres de culture. Que fait-on maintenant pour les habitations ?

On crée des mechetas, c'est-à-dire des emplacements communaux où les douars viennent camper. C'est exactement créer une place publique et obliger les habitants d'un village ou d'un bourg à s'y entasser pêle-mêle. Il faut avouer que c'est pauvre d'invention. Je crois, en outre, que c'est illégal, et que ce n'est pas ce qu'a voulu le législateur. Enfin, c'est souverainement impolitique, car c'est engager et compromettre l'avenir ; c'est river l'indigène à ses mœurs traditionnelles au lieu de l'aider à s'en dépouiller ; c'est s'interdire de créer des centres partout où la loi a été appliquée, à moins d'avoir recours à des expropriations coûteuses et impolitiques ; c'est donc vouer le pays à la barbarie, car il est clair que, là où le centre n'existe pas, l'école ne peut être fondée, que nulle industrie ne peut s'établir, et que par conséquent tout progrès devient impossible.

En résumé, qu'y a-t-il de changé dans la tribu après que la loi de 1873 y a été appliquée ?

Rien, sinon qu'un état de choses dans lequel le génie des peuples modernes ne saurait trouver son essor, ni la civilisation française trouver sa place, est affermi et consacré par la loi française.

On peut douter que ce soit la peine de dépenser des millions et de mettre en campagne une armée de fonctionnaires, pour aboutir à ce résultat.

On voit que la loi de 1873 n'a pas donné les résultats que l'on pouvait attendre d'une loi sur la propriété indigène. Les effets en sont plus souvent nuisibles qu'utiles. Si elle tend à un but ce but est l'éviction des indigènes, car elle permet du moins aux européens d'acheter sur des titres inattaquables. Mais elle y tend mollement parce qu'elle ne prépare pas le terrain aux entreprises de colonisation, parce qu'elle ne crée pas le centre, indispensable au colon français. Dans le sens de l'assimilation, elle est de nul effet. L'avortement de cette loi, dont l'application a déjà englouti des sommes considérables, doit être attribué et au législateur qui n'a pas su être clair, et à l'Administration algérienne qui ayant à appliquer une loi susceptible de diverses interprétations a choisi l'interprétation la moins large, la moins libérale, la moins intelligente. C'est une loi à refaire, car lors même qu'elle serait interprêtée dans le bon sens, c'est-à-dire dans le sens de la constitution de la propriété individuelle, elle réussirait bien à l'établir mais non pas à la conserver. Or à quoi bon constituer la propriété individuelle si l'indivision doit se reproduire régulièrement et fatalement chaque fois que s'ouvre une succession ? Bien avant la loi de 1873, vers 1860, on donnait une concession à tout arabe qui construisait une maison. Qu'est-il arrivé ? L'arabe a construit pour avoir la terre. Il a mis ses chèvres dans la maison et a campé devant la porte. Aujourd'hui la maison est un tas de décombres. Quant à la concession, elle était au nom d'un seul dans le principe. Aujourd'hui on y trouve dix, quinze, vingt propriétaires indivis, selon que le décès du titulaire remonte à une époque plus ou moins éloignée. La loi de 1873 eut-elle pour effet de constituer la propriété individuelle, ne réussirait donc pas à la conserver. Ce sont nos lois qu'il faut modifier. Le code français en matière de propriété immobilière ne vaut rien pour l'Algérie. Les formalités qu'il impose pour le transfert des immeubles, les partages, les licitations, sont beaucoup trop compliquées, beaucoup trop longues, beaucoup trop coûteuses. Il faudrait, eu Algérie, qu'une terre pût se vendre aussi facilement qu'un sac de blé. Il faudrait instituer ici quelque chose comme l'acte Torrens, qui a si bien réussi en Australie. Alors, si la propriété pouvait se transformer aisément, s'échanger, se négocier sans frais, se plier aux besoins nouveaux, et si d'ailleurs le douar était détruit et remplacé par le hameau, l'arabe, ayant un domicile fixe, arriverait peut-être à apprécier l'avantage de la propriété individuelle. Il aurait du moins la possibilité de sortir de l'indivision, ce qui, sous le régime de la loi française lui est radicalement interdit.

Dans tous les cas, ou il s'habituerait à la propriété individuelle et adopterait les procédés de culture perfectionnés qu'elle comporte, ou bien la propriété échapperait de ses mains pour tomber entre des mains européennes.

Une extrême facilité donnée aux transanctions immobilières est donc une disposition légale qui doit être poursuivie également par les partisans de l'assimilation et par ses adversaires.

J'ajoute que si les tentatives d'assimilation devaient avoir pour résultat de modifier certains articles de notre code de procédure, je sais bien des français qui ne s'en plaindraient pas.

Le village arabe constitué, messieurs les assimilateurs demanderaient certainement qu'on y fondât deux écoles : une école de filles et une école de garçons. Il ne serait pas raisonnable de leur refuser cela. Habituer les jeunes arabes à penser et à s'exprimer dans la claire et harmonieuse langue française, et autant que possible remplacer par notre langue leur idiome trouble et discordant, c'est certainement un des plus puissants moyens d'assimilation. D'ailleurs, dans les hypothèses les plus optimistes des personnes qui s'intéressent à l'avenir de la race arabe, il est inévitable, il est même très désirable qu'un certain nombre de familles indigènes, fuyant un milieu nouveau et antipathique, cèdent la place à des colons français. C'est ainsi seulement que peut se produire la fusion des races, si elle est possible. Ces écoles sont donc nécessaires à tous les points de vue, et tout le monde doit être d'accord pour en réclamer l'institution.

Voilà donc le douar transformé en village, et chaque chef de famille devenu attributaire d'un lot à bâtir sur lequel il ne bâtira certainement pas, tout d'abord. Il y campera. Mais enfin, on peut espérer qu'ayant désormais un domicile fixe, il finira par reconnaître l'avantage de la maison. Car une tente fixe est une absurdité. Le seul avantage de la tente est dans la possibilité de la transporter où l'on veut. A tout autre point de vue elle est inférieure à une construction si modeste qu'elle soit, et même au point de vue de la dépense. La tente coûte assez cher et s'use vite, de sorte qu'après un certain laps de temps le domicile-immeuble revient en définitive à meilleur marché que le domicile-meuble. Il y a donc lieu d'espérer que l'arabe finira par construire.

Je viens de traiter la question urbaine. Il me reste à considérer la question rurale, et à rechercher comment il faut agir sur les propriétés du douar.

Tous les algériens savent que l'on distingue, en territoire arabe, deux sortes de propriétés, pour lesquelles le législateur de 1873 a prescrit deux procédures : la propriété arch et la propriété melk. Dans la propriété arch, le fonds appartient à la tribu ; les détenteurs des diverses parcelles cultivables ne sont qu'usufruitiers. Dans ce cas je crois que la marche à suivre n'est pas douteuse : après avoir fait un relevé très attentif, très exact, très consciencieux des droits de chacun, il faut établir un lotissement régulier, géométrique, en conformité de ces droits, et répartir les parties cultivables du territoire entre les membres de la tribu « dans la mesure des surfaces dont chaque ayant-droit a la jouissance effective ». Ce sont les termes mêmes de la loi de 1873. Le surplus, c'est-à-dire les parties non cultivables, feraient retour à l'État, ou serviraient à constituer le communal du village, comme le veut aussi cette même loi.

Cette opération faite, il ne resterait qu'à supprimer les impôts arabes et à les remplacer par des impôts français, particulièrement par l'impôt foncier.

Ainsi, en territoire arch, ce que j'ai appelé l'assimilation physique serait atteinte du premier coup. L'indigène se trouve à la tête d'un lot à bâtir et d'une propriété individuelle et d'un seul tenant. Libre à lui de la cultiver à l'européenne. Libre à lui, même, de vivre à l'européenne, s'il lui plait. Il n'est plus soumis à cette promiscuité tyrannique du douar qui pèse si lourdement sur lui, qu'il lui serait impossible, en eût-il le désir, de se soustraire aux usages de ses parents, aux habitudes traditionnelles de sa race. Il a un chez-soi, il est libre. De barbare qu'il est, s'il est susceptible de se transformer en civilisé, il le peut, il n'a qu'à le vouloir. Le communisme asiatique peut faire place à l'individualisme européen.

D'autre part, si un français devient acquéreur d'une de ces propriétés, il y rencontre toutes les conditions de sa vie ordinaire et de la bonne culture : un lot à bâtir, des limites régulières et incontestées, des chemins d'exploitation, un centre tout formé, une école pour ses enfants.

Dans les territoires melk le problème est plus difficile et la solution plus reculée parce que le melk est une propriété privée, fondée sur ce même droit *utendi et abutendi* que nous reconnaissons à la propriété, en France. Il n'est donc pas possible de modifier les limites, de tailler des concessions, d'obliger les propriétaires à sortir de l'indivision. Il faut accepter les héritages tels qu'ils sont. Je pense que, dans ce cas, il faut simplement faire le cadastre, et joindre à cette opération toute technique, une loi fort simple qui pourrait être conçue en ces termes :

« Tout chef de famille qui aura payé l'impôt foncier pendant
» cinq ans, sans que ses droits de propriétaire aient été contestés,
» recevra, au bout de ce temps, un titre définitif qui deviendra
» le point de départ unique de la propriété.

» En ce qui concerne les propriétés contestées, les titres défi-
» nitifs seront établis suivant la décision des tribunaux aussitôt
» que cette décision sera devenue définitive. »

En thèse générale, au bout de cinq ans la propriété individuelle serait donc réalisée en territoire melk, et cette loi dont je viens de donner l'idée reviendrait, au fond, à donner aux indigènes un délai de cinq ans pour débrouiller leurs affaires et tirer leurs propriétés du cahos où elles sont plongées. Ce n'est assurément pas trop. Toutefois, tout propriétaire, qui voudrait diminuer ce délai, pourrait avoir recours à la loi du 28 avril 1887.

Mais, ce sur quoi je veux encore attirer l'attention, c'est la nécessité de modifier la loi française en matière de propriété foncière :

Dire aux indigènes : « Au bout de cinq ans l'occupant sera
» déclaré propriétaire, et par conséquent il faut qu'au bout
» de cinq ans vous ayez, de votre initiative propre, constitué la
» propriété individuelle et liquidé le passé, » leur dire cela, légiférer une telle chose, c'est exercer sur eux une pression énergique, violente même, pour les jeter hors des coutumes séculaires où ils languissent, s'étiolent et meurent. La grandeur du but à atteindre et le grand avantage qui en doit résulter pour eux-mêmes légitiment cette violence. Mais à tant faire que de les pousser violemment dans la voie de salut où nous les voulons

engager, du moins ne faut-il pas les pousser sur une porte fermée. Or, sous l'empire d'une législation où la moindre licitation coûte cinq à six cents francs, alors que les neuf dixièmes des propriétés arabes n'ont pas cette valeur, je dis qu'exiger d'eux qu'ils sortent de l'indivision c'est les pousser sur une porte fermée, ou, si l'on aime mieux cette autre image, c'est leur commander de marcher après leur avoir lié bras et jambes.

La solution du problème est dans un système judiciaire qui, en matière de propriété, réduise au minimum les frais et les formalités.

Je pense que j'ai réussi à faire comprendre à mes lecteurs le système que je viens d'exposer à grands traits et qui me paraît être le seul admissible parce qu'il concilie les vues et les tendances des ennemis et des amis du peuple arabe. Ce système je l'ai résumé plus haut en ces termes que je reproduis parce qu'ils le caractérisent parfaitement : essai loyal, bienveillant, assidu d'assimilation, mais avec cette sanction : l'éviction, si l'arabe ne veut pas absolument s'y plier. Or, pour arriver à l'assimilation, il faut agir sur l'indigène, cela est de toute évidence. Mais comment agir sur lui ? Presque de tous côtés on se heurte à la question religieuse. Voulez-vous toucher aux successions musulmanes ? Question religieuse ; au mariage ? Question religieuse ; au divorce ? Question religieuse. Il n'y a qu'un côté par où on le puisse prendre : la propriété. C'est là le défaut de la cuirasse. En le prenant par la propriété on peut arriver à ce résultat le premier et le plus important de tous, celui que doivent poursuivre avec acharnement les amis du peuple arabe : rompre le douar. Tant que l'arabe vivra en douars, tout ce que l'on pourra essayer pour changer ses mœurs sera peine perdue. Les adversaires de l'assimilation ont bien souvent cité des exemples de jeunes arabes elevés dans nos collèges et qui, revenant dans leur tribu, ont repris toutes leurs coutumes. « Voilà, disent-ils, la preuve que » l'arabe n'est pas assimilable. » Je leur en demande mille pardons, mais ce n'est pas une preuve. Revenant dans leur douar, ces jeunes gens sont absolument contraints de reprendre les coutumes du douar. J'en suis tellement persuadé que je ne crains pas, à ces exemples, d'en ajouter d'autres : Tout le monde sait que nos tirailleurs algériens — vulgairement turcos — ne sont pas des musulmans bien fervents pendant leur séjour au régiment. On ne les voit ordinairement ni jeûner, ni faire les cinq prières journalières qu'exige le prophète. Ils boivent volontiers des alcools, péché horrible ! et quelquefois même plus que de raison. Cependant arrive le moment où ils reviennent au douar, et du jour au lendemain ils reprennent toutes leurs pratiques religieuses. Dira-t-on qu'ils ont été touchés par la grâce divine comme Saint Paul sur le chemin de Damas ? Croira-t-on que c'est un miracle du grand Allah qui les rend tout d'un coup à la foi musulmane ? Pour moi, j'avoue franchement que je ne le crois pas. Mais je conçois très bien que revenant dans le milieu tyrannique du douar, dans ce milieu où la liberté d'allures, d'action et de croyances n'existe pas et ne peut pas exister, ils sont obligés d'agir comme les gens qui les entourent et avec lesquels ils vivent d'une vie presque commune. Commencez donc par assurer à l'arabe un foyer indépendant, un chez-soi où il soit son maître ; dissolvez le douar et de ses débris constituez le village arabe. Cela fait, si l'indigène, dans la liberté de se civiliser que vous lui aurez donnée reste le fanatique paresseux, rampant et flagorneur qu'il est aujourd'hui, vous aurez le droit de prononcer sa condamnation. Il ne sera pas même nécessaire d'assurer l'exécution du verdict. Il s'exécutera tout seul.

L'application d'un tel programme réclame beaucoup d'argent, c'est incontestable. Je suis de ceux qui pensent que sans grever le budget déjà si chargé de la Métropole, l'Algérie trouverait très aisément tout l'argent dont elle a besoin pour son organisation intérieure, si seulement elle avait la liberté de contracter un emprunt. Mais enfin, fût-elle réduite à son budget actuel, elle n'est pas dépourvue de ressources puisqu'elle trouve le moyen, depuis 18 ans, de dépenser des sommes considérables et pour faire de la colonisation officielle, et pour appliquer fort inutilement la loi de 1873, et pour achever non moins inutilement l'œuvre du Sénatus-consulte de 1863.

Du moins, l'argent que l'on dépenserait à faire des routes, à créer des centres, à édifier des bâtiments communaux, à construire des barrages, on le dépenserait sans regret, puisque ce sont des dépenses incontestablement utiles, à quelque point de vue que l'on veuille se placer.

Mais d'ailleurs, si, faisant abstraction des querelles de l'heure actuelle, on considère l'avenir ; si l'on envisage la question algérienne d'une certaine hauteur, si on l'étudie avec un esprit philosophique, tous les points de vue se confondent en un seul point de vue, et toutes les politiques se ramènent à une seule politique :

Faire de la colonisation.

Soit avec des fellahs en burnous, soit avec des paysans en blouse, faire de la colonisation, en faire le plus possible et le plus rapidement possible, c'est en ces mots que doit se résumer la politique algérienne. La colonisation voilà *le grand-œuvre* qui doit produire la richesse, faire de l'Algérie une seconde France, et dissiper ce nuage toujours menaçant à l'horizon : l'insurrection.

Je suis donc amené à comparer les deux systèmes en présence : le système actuel de la colonisation officielle, fondé sur la concession, et le système que je propose, fondé sur la liberté et l'initiative privée.

On sait que dans le système actuel l'État crée le centre, allotit les terres, puis donne les concessions à qui lui plaît, gratuitement mais moyennant certaines conditions de résidence.

Ce système a de nombreux défauts : il habitue les citoyens à compter sur le secours de l'État au lieu de ne se fier qu'à leur propre diligence. Il est fondé sur l'arbitraire et l'injustice, car pour une seule concession, après l'élimination des candidats qui ne réunissent pas les conditions exigées, il en reste encore un grand nombre qui ont des droits égaux. Ou, pour mieux dire, aucun d'eux n'a de droits à l'obtention d'une concession gratuite et par conséquent, celui qui l'emporte le doit à la protection, à la faveur ou au hasard. En outre, l'Administration ne sait pas, ou plutôt ne peut pas, au milieu du flot de demandes qui lui parviennent, distinguer le candidat qui possède les aptitudes nécessaires au chef d'une exploitation agricole. Quand un homme achète une terre de ses deniers, on peut être assuré qu'il sent en lui les aptitudes et le courage nécessaires pour la mettre en valeur. Si l'État offre gratuitement un titre de propriété, chacun tend la main. Il y a tels centres du département d'Oran où l'Administration a installé trente colons et où il en reste huit ou dix. Dans un cas que je pourrais citer il en reste trois. D'où viennent ces échecs ? Ils ne viennent ni de la qualité des terres ni du climat, car l'Administration choisit toujours les meilleures terres pour y fonder un centre, et le choix de l'emplacement est l'objet d'un minutieux examen. Lorsque le village ne réussit pas c'est tout simplement parce que les faveurs de l'Administration se sont portées sur des hommes manquant des capacités et de l'activité nécessaires au succès.

Cependant, malgré ses nombreux défauts, le système de la colonisation officielle peut encore être défendu, tant que l'administration a à sa disposition des terres domaniales. Mais quand elles sont épuisées, il devient radicalement mauvais, car il faut alors exproprier les indigènes pour les remplacer par des colons. Rien n'est plus impolitique ; car, sans considérer même les criantes injustices auxquelles ces expropriations donnent lieu, elles ont pour effet de creuser de plus en plus l'abîme qui sépare l'européen de l'indigène. Il est facile de concevoir que lorsque, sous prétexte d'utilité publique, on chasse brusquement cent familles arabes des héritages qu'elles tiennent de leurs ancêtres pour mettre à leur place trente familles françaises, il est impossible qu'un certain ferment de révolte et de haine ne subsiste pas dans le cœur des expropriés.

Or, il n'y a plus de terres domaniales ou du moins il n'en existe plus que fort peu, et par conséquent, depuis plusieurs années, l'administration est obligée d'avoir recours à l'expropriation des indigènes. Aux inconvénients extrêmement graves que j'ai déjà signalés, le système joint celui de n'être applicable qu'exceptionnellement, car évidemment on ne peut exproprier partout. Enfin il est très coûteux puisqu'il faut payer aux indigènes ces terres que l'on donne ensuite pour rien.

Dans le système que je préconise, on crée le centre, parce que le centre est indispensable à la vie municipale, à l'instruction des enfants, au développement des industries. Mais il n'y a pas d'expropriation, ou s'il en existe quelquefois, elle est réduite à l'emplacement des lots à bâtir, c'est-à-dire à des surfaces insignifiantes. Ce sont les propriétaires de la région qui deviennent habitants du village. Ce système est donc beaucoup moins coûteux que celui de la colonisation officielle actuellement en vigueur. Il est général ; il est applicable partout ; il peut être étendu à l'Algérie toute entière. Enfin il est parfaitement équitable et humain, puisqu'il convie les indigènes à profiter, comme nos propres nationaux des bienfaits de notre civilisation. Il semble donc qu'il doit réunir les suffrages de tous les amis du peuple arabe.

Mais j'ai dit que j'avais la prétention, que je reconnais audacieuse, de contenter tout le monde. Il faut donc que mon système satisfasse également les partisans du peuplement par l'élément métropolitain.

Pour qu'il en soit ainsi, il suffit, comme je l'ai dit plus haut, de faciliter, par une loi spéciale, les transactions immobilières, et de favoriser la fondation d'agences, de compagnies de colonisation qui serviront d'intermédiaires entre les indigènes qui voudraient vendre et les français qui voudraient acheter.

Ces agences de colonisation et d'émigration que l'on rencontre dans le monde entier excepté en Algérie, n'y font défaut que parce que les terres disponibles sont soustraites à l'initiative privée par l'État qui s'est fait lui-même entrepreneur de peuplement. Il sort ainsi de son rôle qui est simplement d'effectuer les travaux publics nécessaires, et d'assurer la sécurité. Ce devoir rempli, il doit s'effacer devant l'initiative privée. Celle-ci ne manquerait pas plus à l'œuvre de la colonisation en Algérie qu'en Amérique ou en Australie, et il n'est pas douteux que des agences de colonisation se fonderaient ici comme ailleurs, si seulement l'État leur laissait le champ libre.

Il serait cependant d'une bonne politique d'encourager leur fondation et de favoriser leur action.

En résumé, le système que je propose peut être défini en ces quelques mots :

Edicter des lois et effectuer des travaux publics qui fassent de l'Algérie un pays colonisable. Puis laisser les diverses races se donner carrière dans ce milieu préparé pour la civilisation. La terre ira et restera aux mains des plus laborieux et des plus intelligents.

Pour mettre ce système en pratique, il faudrait diviser chacun des trois départements algériens en un certain nombre de régions où les mesures légales et administratives dont il vient d'être parlé seraient successivement appliquées. On ne passerait à une autre région qu'après avoir tout-à-fait achevé les opérations dans la précédente. Chaque région, à tour de rôle, serait donc complètement aménagée comme si elle devait être livrée à la colonisation européenne : on y créerait des centres en nombre proportionné à la population, on y tracerait les voies nécessaires, on y ferait le cadastre, on y établirait l'impôt foncier. En même temps les Indigènes seraient installés dans les centres créés, et seraient soumis, eux et les Européens qui pourraient s'y trouver, à tous les règlements de police, de voierie, d'administration publique qui dérivent de la loi française. Il ne serait fait d'exception qu'en ce qui tient au statut personnel qui serait respecté. Ainsi, en dehors du statut personnel pour l'indigène, et pour les Français, en dehors du droit de suffrage qui ne peut et ne doit appartenir qu'au citoyen français, les habitants du village, à quelque race ou nationalité qu'ils appartinsent seraient placés sur le pied de l'égalité. L'arabe continuerait à se marier, à divorcer, à hériter selon les lois du Koran, mais il serait tenu de déclarer ses mariages, ses décès, ses naissances ;

tenu d'avoir un état civil ; tenu d'envoyer ses enfants des deux sexes à l'école, sous peine d'amende et de prison ; tenu de respecter les limites de ses voisins.

Il est manifeste qu'il n'y a rien dans sa religion qui soit contraire à de telles prescriptions, et j'ai lu bien exactement le Koran tout entier sans y trouver qu'il fut interdit d'apprendre à lire aux petites filles.

Y aurait-il lieu de pousser l'identification entre le colon français et le colon arabe jusqu'à soumettre ce dernier au service militaire ? Je ne le crois pas. D'abord peut-être à cela y aurait-il un danger. Puis, dans l'essai d'assimilation loyal que je propose, on conçoit que c'est une question de conscience d'agir avec modération. Il faut prendre garde de ne pas imposer à l'arabe au-delà de ce qui est nécessaire pour produire son évolution vers un état social qui, lui étant nouveau, lui sera pénible au commencement. On peut croire que l'on aura déjà assez de peine à lui infuser cette première dose d'assimilation.

Voilà, j'en ai l'intime conviction, le seul système applicable pour essayer l'assimilation. Joignez-y une justice prompte, peu coûteuse, éclairée. Enfin à la tête de cet ensemble placez des administrateurs sages, bienveillants, mais d'une fermeté rigoureuse dans l'application des lois et des arrêtés municipaux.

C'est tout. Laissez faire. Si l'arabe est ou n'est pas assimilable, s'il doit faire souche en ce pays ou disparaître, on le saura bientôt. La liberté, assurée, mais réglée par la loi, c'est encore ce que l'on a trouvé de mieux comme moyen de gouvernement.

Car ce serait bien réellement un régime de liberté, ce régime qui, supprimant toutes les barrières entre l'européen et l'indigène, garantirait, aux uns et aux autres, la sécurité, la propriété, la liberté de conscience, la justice égale pour tous, l'instruction primaire.

Que l'on ne se fasse pas illusion cependant ; cette liberté, très réelle, sera peut-être acceptée avec reconnaissance dans les montagnes de la Kabylie, mais l'indigène de la plaine, l'Arabe, la considérera comme la plus lourde des tyrannies. Il n'est pas douteux que si on lui donnait le choix entre la loi française et les baguettes d'un pacha, c'est ce second régime qu'il choisirait.

Il est clair que plus on sera partisan de l'assimilation et plus on sera d'avis qu'il faut dompter les résistances et maintenir énergiquement notre droit et notre devoir de conquérants et de civilisateurs, tout en proclamant le dessein arrêté de ne toucher en rien aux choses de la religion.

Et, en effet, il n'y a rien, dans des mesures administratives concernant la constitution de la propriété, le domicile, l'instruction publique, qui soit contraire à la foi musulmane.

Un des résultats les plus importants à poursuivre, au point de vue assimilateur, est évidemment le relèvement de la femme par l'instruction. Or la religion de Mahomet ne prescrit nullement de maintenir la femme dans l'ignorance et l'esclavage. Cette religion fût même, en son temps, un acheminement vers l'affranchissement de la femme, puisqu'elle limita la polygamie.

Il y a, en Algérie, des indigènes très fervents musulmans qui tiennent à honneur de n'avoir qu'une seule épouse, et il est remarquable que c'est précisément dans les familles les plus nobles et les plus respectées que se rencontrent ces exemples.

Du texte du Koran comme du texte de la plupart des livres sacrés de toutes les religions, on peut tirer les conclusions les plus opposées. Certains versets respirent le plus ardent et le plus sombre fanatisme, d'autres affectent un esprit tout philosophique. C'est ainsi qu'après avoir parlé de la religion juive et de la religion chrétienne, le prophète donne ce précepte plein de mansuétude et de tolérance :

« Si Dieu l'avait voulu, il aurait fait de vous tous un seul » peuple ; mais il a voulu éprouver votre fidélité à observer ce » qu'il vous a donné. Courez à l'envie les uns des autres vers » les bonnes actions, et vous retournerez tous à Dieu, et il » vous éclaircira lui-même la matière de vos disputes. »

Certes, il ne serait pas difficile de conclure de ces paroles et d'autres que l'on pourrait tirer du livre saint des Musulmans que, selon leur Prophète, Dieu juge les hommes d'après leurs œuvres, et non d'après leurs croyances plus ou moins fondées. Mais comme l'on pourrait citer d'autres passages animés d'un esprit absolument contraire, il vaut mieux ne pas s'occuper de ces divagations obscures. Que le Gouvernement français, sans entrer en controverse religieuse avec les peuplades musulmanes qu'il régit, se borne à les placer dans un milieu européen, en concurrence vitale avec l'européen. L'arabe n'est pas inintelligent. Il comprendra très bien que, dans cette lutte pour l'existence où nous l'aurons engagé, il aura le désavantage et succombera fatalement, s'il refuse de se rallier à notre civilisation.

Nous l'aurons mis en état et en demeure de s'élever à notre niveau. Le voudra-t-il ? Ce qui en décidera c'est l'essai généreux, mais rigoureux, d'où résultera le bien-être des indigènes qui consentiront à nous suivre dans la voie illimitée de la perfectibilité humaine, mais la ruine de ceux qui s'immobiliseront dans des mœurs surannées qu'ils ont héritées des premiers âges du monde.

Henri de SARRAUTON.

Oran, 15 Juin 1891.